Klaus-Uwe Gerhardt

Garantiertes Mindesteinkommen als Möglichkeit sozialrechtlicher Absicherung alternativer Arbeitsformen

Am Beispiel Telearbeit

GRIN Verlag

Bibliografische Information der Deutschen Nationalbibliothek:

Die Deutsche Bibliothek verzeichnet diese Publikation in der Deutschen National-
bibliografie; detaillierte bibliografische Daten sind im Internet über http://dnb.d-
nb.de/ abrufbar.

Impressum:

Copyright © 1987 GRIN Verlag GmbH
Druck und Bindung: Books on Demand GmbH, Norderstedt Germany
ISBN: 978-3-640-14408-2

Dieses Buch bei GRIN:

http://www.grin.com/de/e-book/114089/garantiertes-mindesteinkommen-als-
moeglichkeit-sozialrechtlicher-absicherung

Garantiertes Mindesteinkommen

als

Möglichkeit sozialrechtlicher Absicherung alternativer Arbeitsformen

- am Beispiel Telearbeit -

von

Klaus-Uwe Gerhardt

Offenbach am Main,
1987

Inhaltsverzeichnis

1. Individualisierung der Erwerbsarbeit und soziale Sicherung

1.1 Einleitung

Neue Techniken und veränderte Arbeitswünsche ermöglichen eine neuartige Form der Erwerbsarbeit: die Telearbeit. Sie wird als Computerheimarbeit, Teleheimarbeit, elektronische Heim- und Fernarbeit, informationstechnisch gestützte Heimarbeit und ähnliches diskutiert. Gemeint sind Arbeitsplätze, die hinsichtlich des Arbeitsortes (Wohnung, Nachbarschafts- oder Satellitenbüro) und der Arbeitszeit (Arbeitsdauer und -zeitlage) dezentralisiert sind. An ihnen wird die Gesamttätigkeit von den neuen Informations- und Kommunikationstechniken bestimmt. Es sind eine Reihe arbeits- und sozialrechtlicher Regelungsbedarfe zu konstatieren (vgl. Beck 1985; Rehbinder 1987). Ob Satellitenbüros der Ausverkauf des Arbeitsrechtes oder eine sozio-technische Innovation darstellen, wird heftig diskutiert.[1]

1.2 Problemstellung

Kernpunkte meiner Überlegungen sind Fragen des Rechtsstatus und der Arbeitszeit. Je weiter die Arbeitsverhältnisse vom Normalarbeitsverhältnis abweichen, desto schneller wächst die Zahl der Bezieher kleiner oder unregelmäßig anfallender Einkommen (vgl. Mückenberner 1985). Die Einkommensproblematik "verlängert" sich in die soziale Sicherung hinein. Rechtsstatus und Arbeitszeit determinieren die Anspruchsvoraussetzungen im System der sozialen Sicherung. Frauen können besonders stark von auftretenden Sicherungslücken betroffen sein, die es zu schließen gilt.

Eine Lösung ist die rechtliche Gleichstellung von Arbeitnehmerinnen und Arbeitnehmern unabhängig von der geleisteten Arbeitsstundenanzahl. Bei genauer Betrachtung stellt sich allerdings heraus, dass dies kein Zaubermittel für die Lösung aller Regelungsdefizite darstellt.

Zunächst ist zu untersuchen, inwiefern solche Rechtsverluste bei den monetären Sozialtransfers nach Höhe, Dauer und Art auftreten und wie diese auf anderem Weg verhindert werden können? Es wird die These vertreten, dass ein garantiertes Mindesteinkommen individualisierte Erwerbsarbeits-Formen und Übergänge zwischen Erwerbsarbeit und anderen Tätigkeiten Fließender gestalten und sozial besser abfedern kann, indem es zur Verstetigung diskontinuierlicher Einkommensströme Für Niedrigverdiener beiträgt.

1.3 Umfang der Telearbeit

Über das Volumen der Telearbeit geben keine verlässlichen Daten. Vermutlich breitet sie sich nur zögernd aus und ist erst im Versuchsstadium (vgl. hierzu die Angaben über vorhandene Studien und Modellversuche in: Bieri et al. 1985, 38 ff.) Das sollte aber nicht

---

[1] Der Text ist Teil des Forschungsprojektes „Elektronische Heimarbeit und berufliches Kontaktsystem", ETH-Zürich, Zürich (vgl. Jaeger et al. 1987).

zu der Annahme verleiten, es bliebe so: Bei Hardware und Saftware ist bei gleichzeitiger Leistungszunahme ein starker Preisverfall erkennbar. Hinzu kommen aktuelle Entwicklungen der Marktumwelt wie flexible Entstetigung des Produktionsrhythmus, Entkoppelung der Arbeitszeiten und der Betriebszeiten. Telearbeit verspricht, Arbeitszeiten in dem Maße abrufbar zu machen, wie sie tatsächlich benötigt werden. Bei unregelmäßig anfallenden Dienstleistungen scheinen damit erhebliche Kostenvorteile verbunden.

Funktionsfähigkeit und Anwendungsbreite von Telearbeit nehmen mit der Übertragungsgeschwindigkeit der Datenfernübertragung zu. Deshalb kommt dem geplanten Ausbau des ISDN-Netzes eine erhebliche Bedeutung zu, um weitere Bereiche wie Sachbearbeitung, Konstruktion, Programmierung etc. räumlich zu dezentralisieren (vgl. Kubicek/Rolf 1985, 284 f.).

Technisch-ökonomische Faktoren können die Einsatzformen und die Ausbreitungsgeschwindigkeit neuer Techniken indes nur partiell erklären. Daneben gibt es eine Reihe subjektiver Determinanten. Soziale Sicherheit ist eine nicht zu vernachlässigende Größe. Es gilt aus dem Dilemma: entweder soziale Sicherung, oder Bereitstellung subnormaler Beschäftigungsmöglichkeiten, herauszukommen.

1.4 Art und Struktur

Die Art der Tätigkeiten an Telearbeitsplätzen umfasst zum einen relativ unqualifizierte Tätigkeiten, wie reine Texterfassung. Zum anderen sind höherqualifizierte Tätigkeiten der Sachbearbeitung, Programmierung und EDU-Analyse, sowie im Management damit verknüpft. Die Tatsache, dass höherqualifizierte Tätigkeiten bereits bei der Telearbeit vorzufinden sind, veranlasst Dostal zu empfehlen, Modellversuche und Fördermaßnahmen vorwiegend auf diese Bereiche zu konzentrieren und mit solchen Personen zu erproben, die am Arbeitsmarkt knapp sind: Programmierer und Manager (vgl. Dostal 1985, 480).

Aufgrund der (noch) geringen Bedeutung der Telearbeit ist die Teilzeitarbeit als Referenzstandard heranzuziehen. Ein hoher Frauenanteil und die sozialrechtliche Unsicherheit macht Telearbeit als Unterfarm der Teilzeitarbeit mit dieser vergleichbar. .Der Frauenanteil beträgt bei den Teilzeitbeschäftigten 93 vH. Bei der Telearbeit liegt er - nach allem, was man weiß - nicht ganz so hoch. Anhaltend hohe Frauenerwerbsneigung (vgl. Schäfer 1986, 151) bei weiterhin verhaltenem Interesse der Unternehmen an Teilzeitarbeit einerseits sowie der Zuschnitt des Sozialversicherungssystems auf den Normalarbeitstag andererseits unterstreichen die Regelungsdefizite.

Zur Zahl der Teilzeitbeschäftigten liegen mehrere Schätzungen vor. Interessant daran ist der hohe Anteil der sog. geringfügig Beschäftigten: Zwar sind in der Bundesrepublik erst S vH aller sozialversicherungpflichtig Beschäftigten Teilzeitleistende; das sind 1,9 Millionen (vgl. ANBA 198B, 200). Die Zahl der geringfügig Beschäftigten wird aber nach einer Schätzung des DGB auf 1,5 bis 2 Millionen beziffert (zitiert nach Dostal 1985, 469). Eine andere Studie bestätigt dies. Ihre Zahl sei ebenso hoch wie die der sozialversicherungspflichtig Teilzeitbeschäftigten (vgl. Bertelsmann 1985, 147). Zusammen mit den nicht sozialversicherungspflichtigen Teilzeitbeschäftigten ergibt sich somit, dass in der Bundesrepublik heute schon 1/5 der abhängig Beschäftigten auf Teilzeitbasis arbeiten.

Flexible Arbeitszeiten können in zweierlei Hinsicht problematisch sein: Telearbeiter befinden sich sowohl im ungesicherten Grenzbereich sozialrechtlicher Risiken, weil sie wöchentlich im Durchschnitt nur 22 Stunden erwerbstätig sind (vgl. Bieri et al. 1985, 39) als auch deshalb, weil ihre Arbeitszeiten im Bereich von 25 vH bis über 50 vH der Normalarbeit variabel sind (vgl. Dürrenberger/Jaeger 1986, 12). Die Folgen davon sind weiter unten genauer zu untersuchen.

Fragt man nach den Ursachen, warum das Leitbild des Normalarbeitsverhältnisses in die Krise gerät, kann dies nur durch veränderte Lebensstile erklärt werden. Dazu im Folgenden mehr.

1.5 Betriebliche Interessen und Arbeitswünsche

Das Interesse an weniger starren Arbeitszeitstandards ist zweiseitig. Zum einen ist der Wunsch nach Teilzeitarbeit seitens der Arbeitsfähigen spürbar angestiegen. Ein Wandel der Normalarbeitsverhältnisse kommt Firmen entgegen, die ihre Maschinerie effektiver nutzen möchten oder Fixkosten einsparen möchten. Die in diesem Text diskutierte geografische Dezentralisierung der Arbeit, kommt beiden Interessen entgegen. Für Telearbeit kommen insbesondere solche Personengruppen in Betracht, deren Mobilität gering ist, einen außerhäuslichen Arbeitsplatz zu erreichen. Das ist etwa bei Müttern mit kleinen Kindern oder Behinderten der Fall. Weitere Personengruppen werden angesprochen, wenn es um Mischformen individueller Arbeitszeitgestaltung geht, d.h. Arbeitsformen gewählt werden können, die teilweise dezentralisiert sind.

Wiesenthal et al. schätzen, dass 50 vH der abhängig Beschäftigten, die Möglichkeit individuell-flexibler Arbeitszeiten prinzipiell befürworten. Höchstens 10 vH würden bereit sein, auf Arbeitszeit und Arbeitseinkommen zu verzichten. Die Arbeitsnachfrage der Unternehmer nach Flexibilisierten Beschäftigungsverhältnissen beträgt aber nur 2 vH des Volumens der abhängig Beschäftigten (vgl. Wiesenthal et al. 1984, 206 ff.).

Das Interesse an Teleheimarbeit ist zwar spür-, aber keineswegs verallgemeinerbar. Nur ein Zehntel aller Erwerbstätigen hat eine positive Einstellung zur Telearbeit. Dagegen befürworten 43 vH der Programmierer diese Arbeitsform (vgl. Dostal 1985, 475).

Bei der Gegenüberstellung der Vor- und Nachteile dezentraler Arbeitsformen überwiegen zunächst die betriebliche Kostenfaktoren: fortgeschrittene Tertiarisierung auch innerhalb der Betriebe, engere Anpassung der Produktion an das Nachfrageprofil, Reduzierung der Personalkosten und Erhöhung der Arbeitsproduktivität etc. (vgl. Held/Karg 1983; Ballerstedt et al. 1982).

Demgegenüber wird Telearbeit von den Interessensvertretungen der Beschäftigten aus zwei Gründen skeptisch beurteilt: Die Gewerkschaften befürchten kollektivrechtliche Nachteile für Telearbeiter und eine Erosion ihrer Organisationskraft. Es verwundert daher nicht, dass man erst vereinzelt auf gewerkschaftliche "arbeitsorientierte Arbeitszeitkonzeptionen" stößt (vgl. Bosch 1986). Befürchtungen hinsichtlich der sozialrechtlichen Problematik sind nicht unbegründet. Der geringe Organisationsgrad bei Teilzeitbeschäftigten legt nahe, dass gewerkschaftliche Obhut von teilzeitig Beschäftigten unterdurchschnittlich ist. Zu lange haben sich die Interessensvertreter auf andere Beschäftigtengruppen bezogen, was nicht zuletzt in der nachfolgend dargestellten Wirklichkeit sozialer Risiken evident wird.

2. Das System der sozialen Sicherung bei Teilzeitbeschäftigungsverhältnissen

Die Vor- und Nachteile der Telearbeit lassen sich anhand der Teilzeitarbeitsproblematik analysieren. Dies geschieht in Kenntnis der Tatsache, dass es sich bei Telearbeit nicht in allen Fällen um Teilzeitbeschäftigungsverhältnisse auf der Basis von geringfügiger Beschäftigung handelt. Vor dem Hintergrund der sozial (versicherungs-)rechtlichen Risiken und aus analytischen Gründen ist das Vorgehen allerdings angesagt. Soziale Risiken ergeben sich infolge der Dauer der Beschäftigung, in manchen Fällen infolge der Höhe des Arbeitsentgelts. Zu berücksichtigen sind daher die unterschiedlichen Teileelemente des Systems der sozialen Sicherung. Im Anschluss daran wird die soziale Situation der Telearbeit anhand der Kriterien Rechtsstatus und anhand länderspezifischer Regelungen überprüft.

2.1 Anspruchsvoraussetzungen in der BRD

Sozialversicherungspflicht liegt nach bundesdeutschem Recht (zur Beurteilung der schweizerischen Situation wäre ein gesondertes Expose notwendig) erst ab bestimmten, nicht einheitlich geregelten Schwellenwerten vor (Zeitgrenze und Entgeltgrenze). Unterhalb dieser Grenzen sind Beschäftigungen versicherungsfrei. Im Bereich der Kranken- und der Rentenversicherung gibt es Geringfügigkeitsgrenzen und im Bereich Arbeitslosenversicherung Kurzfristigkeitsgrenzen (siehe im einzelnen Übersicht 1). Bei der Unfallversicherung sind sämtliche Beschäftigungen versicherungspflichtig.

a) Gesetzliche Krankenversicherung (GKV)

Die Sachleistungen der gesetzlichen Krankenversicherung erhalten vollzeitig wie teilzeitig Beschäftigte im Krankheitsfall nach dem Bedarfsprinzip. Teilzeitbeschäftigte haben bei der Krankenversicherung einen Vorteil und einen Nachteil. Von Vorteil mag subjektiv sein, dass gleiche Sachleistungen uneingeschränkt für anteilige Beitragszahlungen gewährt werden. Nachteilig für Teilzeitbeschäftigte ist, dass die Selbstbeteiligung an den Krankheitskosten überproportional zu Buche schlägt.

Nennenswerte Ausnahmen gibt es für den Personenkreis der geringfügig Beschäftigten (etwa 2 Millionen). Allerdings sind zwei Fälle zu unterscheiden, wobei nur der zweite Fall gravierend ist: Entweder die Beschäftigten - in der Regel Frauen - sind im Rahmen der Familienhilfe in der Krankenversicherung mitversichert. Dann besteht unabhängig von der Beitragshöhe ein Schutz vor gesundheitlichen Risiken. Im Falle, dass keine aus dem Familienverhältnis abgeleiteten Krankenversicherungsansprüche, dann liegt zwar ein Versicherungsbedürfnis, aber keine Versicherungsberechtigung vor.

Liegt - wie im Fall geringfügiger oder kurzfristiger Beschäftigung - keine Versicherungspflicht vor, dann besteht ohnehin kein Anspruch auf Geldleistungen, d.h. ein von der Kasse nach Ablauf von sechs Wochen sonst gezahltes Krankengeld. Bei einer Arbeitszeit von wöchentlich unter 10 Stunden (bzw. 45 Std./Monat) entfällt außerdem bei Arbeitern der Anspruch auf Lohnfortzahlung im Krankheitsfall.

b) Gesetzliche Rentenversicherung (GKV)

Das bundesdeutsche Rentenrecht basiert auf dem Prinzip der Beitragsäquivalenz. Die Höhe der Rentenansprüche ergibt sich aus dem Faktor Einkommen und aus dem Faktor Versicherungsjahre (605; des durchschnittlichen Bruttoentgelts nach 40 Jahren Vollerwerbstätigkeit). Versicherungsfreie Zeiten bleiben sowohl bei den anrechnungsfähigen Versicherungsjahren als auch bei der Anrechnung beitragsloser Zeiten unberücksichtigt (Ausfallszeit). Aber selbst die Möglichkeit, Ausfallszeiten anzurechnen, ist begrenzt: Das Verhältnis der Zeiten, in denen Pflichtbeiträge geleistet wurden, und Ausfallszeiten darf bei Eintritt des Versicherungsfalls allenfalls gleich hoch sein (sogenannte Halbbelegung). Im Ergebnis haben gerade Frauen häufig Kleinstrenten, was verursacht wird durch: geringere Anzahl der Pflichtbeiträge infolge der größeren Zahl der Ausfallstatbestände, Ferner Nichtanerkennung 'untypischer' Tatbestände, z.B. der Familienphase und schließlich wegen geringfügiger, nicht versicherungspflichtiger Beschäftigungen.

Teilzeitbeschäftigte erreichen somit unterhaltssichernde Renten nur in Ausnahmefällen (vgl. Landenberger 1985, 3E6). In diesem Kontext sei auf die Diskussion um Grundrente verwiesen, die u.a. eine Neuverteilung zwischen Versicherungsbeiträgen, staatlichen Zuschüssen und privater Verantwortung für das Alter bringen soll.

c) Arbeitslosenversicherung

Die soziale Sicherung von Arbeitslosen ist dreistufig aufgebaut: Arbeitslosengeld (ALG), Arbeitslosenhilfe (ALH) und Sozialhilfe (SLH). Eine weitere Abstufung ergibt sich durch Familienunterstützung und private Wohlfahrt bzw. kriminelle Karrieren. Bei den ersten zwei Stufen handelt es sich um einkommensabhängige (lohnproportionale) Lohnersatzzahlungen, die beitrags- bzw. staatsfinanziert sind. Bei der Arbeitslosenversicherung sind kurzzeitige Beschäftigungen (weniger als 19 Stunden) weder versicherungspflichtig noch versicherungsberechtigt. Eine Entgeltgrenze fehlt. Mehrere kurzzeitige Beschäftigungen können - im Gegensatz zur Kranken- und Rentenversicherung - nicht versicherungsbegründend zusammengezogen werden.

Arbeitslosengeld (ALG), erhalten Sozialversicherte im Fall der Erwerbslosigkeit derzeit längstens für ein Jahr. Voraussetzungen dafür sind: Erfüllung der Anwartschaftszeit und Verfügbarkeit. Das Arbeitslosengeld beträgt 68 vH und bei kinderlosen Arbeitslosen 63 Prozent des letzten (standardisierten) Nettogehalts. Die Bemessungsgrundlage schließt Überstundenzulagen und einmalige Leistungen (z.B. Weihnachts- und Urlaubsgeld) aus.

Arbeitslosenhilfe (ALH): Ist der Anspruch auf ALG ausgeschöpft, so besteht unter gewissen Voraussetzungen Anspruch auf ALH, formal bis zum 65. Lebensjahr. Die ALH ist jährlich neu zu beantragen und geringer als das ALG, nämlich: 58 vH bzw. 56 vH der Bemessungsgrundlage (etwa 50 vH des letzten Nettolohns). Im Gegensatz zum ALG muss bei der ALH Bedürftigkeit nachgewiesen werden: Eigenes Einkommen wird - wie das des (Ehe-)partners - herangezogen. Ermessensspielräume führen häufig zu Irritationen, insbesondere, was Verfügbarkeits- und Zumutbarkeitsregelungen anbelangt oder die Prüfung von Einkommen eheähnlicher Gemeinschaften. Dabei können Leistungen sukzessive gekürzt werden, wenn der Arbeitslose angeblich nur noch in weniger qualifizierte (i.d.R. geringer entlohnte) Arbeiten vermittelt werden kann (Paragraph 136 Abs. S Satz 2). Das wird von Arbeitsloseninitiativen als "Alhi-Rutsche" bezeichnet (vgl. Leitfaden 1986, 148 ff.).

Übersicht 1: Sozialrechtliche Auswirkungen der Teilzeitarbeit bei einer Arbeitszeit unter 19 Std./Woche (Paragraph 102 AFG):

Vorteile Für Unternehmer	Nachteile Für Beschäftigte
Arbeitgeberanteil zur Arbeitslosenversicherung entfällt	kein Anspruch auf Arbeitslosengeld (kurzzeitige Beschäftigung)

Je nach Tarifvertrag/Betriebsvereinbarung:

Vorteile Für Unternehmer	Nachteile Für Beschäftigte
Zahlung vermögenswirksamer Leistungen entfällt	Anspruch auf vermögenswirksame Leistungen entfällt

bei einer Arbeitszeit unter 15 Std./Wo. und einem Arbeitsverdienst von regelmäßig unter 410 DM/Monat (1986):

Vorteile Für Unternehmer	Nachteile Für Beschäftigte
Arbeitgeberanteile zur Renten- und Krankenversicherung entfallen	kein Anspruch auf Krankengeld, kein Rentenanspruch

bei Arbeitszeit unter 10 Stunden in der Woche:

Vorteile Für Unternehmer	Nachteile Für Beschäftigte
Für Arbeiter keine Lohnfortzahlung im Krankheitsfall	kein Anspruch auf Lohnfortzahlung für Arbeiter

d) Sozialhilfe

Die dritte Stufe des Systems der sozialen Sicherung, die Sozialhilfe, ist eine Fürsorgeleistung der Kommunen und steht in der Tradition der Armenpflege (vgl. Lampert 1980, 413).

Bei der Sozialhilfe (SLH) gilt das Prinzip der Subsidiarität, d.h. Leistungen werden nachrangig gewährt, wenn eigenes Vermögen verbraucht und das Einkommen der Verwandten herangezogen wurde (anderer Einkommensbegriff als bei der ALH). Sie ist "Lückenbüßer" Für das unzureichende Sozialversicherungssystem (vgl. Hentschel 1983, 196 F.). Sie wird von den Kommunen verwaltet und Finanziert (zzgl. Finanzzuweisungen der Länder). Sie ist in zwei Hauptsysteme unterteilt: die Hilfe zum Lebensunterhalt (HLU) und die Hilfe in besonderen Lebenslagen. Die HLU erhält in den letzten Jahren wegen der Zunahme der Langzeitarbeitslosen immer stärkeres Gewicht, weil Arbeitslose entweder keine oder zu geringe Arbeitslosenunterstützung (ALU) erhalten. Arbeitsfähige Arbeitslose sollten ursprünglich nicht zum Sozialamt gehen müssen. Doch heute fallen schon 1/4 bis 1/3 aller Sozialhilfeempfänger in diese Kategorie.

Die laufenden Leistungen zum Lebensunterhalt werden nach Regelsätzen berechnet, "die Haushaltsvorständen in voller Höhe gewährt werden, weiteren Haushaltsmitgliedern wird der Regelsatz in Höhe von 45 vH (Kinder unter 7 Jahre) bis BO vH (Angehörige vom ES. Lebensjahr an) gezahlt. Für einen bestimmten Personenkreis (z.B. ältere, Erwerbsunfähige und Alleinstehende mit Kindern) wird ein Mehrbedarf gewährt (i.d.R. 30 vH des Regelsatzes). Zusätzlich werden die tatsächlichen Aufwendungen für die Wohnung übernommen. Empfänger von laufender Sozialhilfe können ferner einmalige Leistungen beantragen.

Sozialhilfe ist ein sanktionierendes System mit eng ausgelegter Bedürftigkeitsprüfung und mit Arbeitspflicht: "Ein sehr restriktiv ausgelegtes Individualisierungsprinzip, die Regelung der Unterhaltspflicht sowie die Einkommens- und Vermögensanrechnung, ziehen sehr weitreichende Bedürftigkeitsprüfungen und -kontrollen nach sich, die ein erhebliches Maß an Willkür und Unsicherheit zur Folge haben ..." (vgl. Hanesch/Klein 19)

2.2 Rechtsstatus der Teilzeitbeschäftigten

Die Angaben in Übersicht 1 beziehen sich auf den Arbeitnehmerstatus. Im Folgenden wird zu untersuchen sein, inwieweit soziale Risiken auftreten können, wenn Telearbeit rechtlich auf einem anderen Status basiert.

Insgesamt sind drei Fälle zu unterscheiden: Telearbeit

(1) unter Beibehaltung des Arbeitnehmerstatus,
(2) im Heimarbeitsverhältnis,
(3) auf der Basis von Werkverträgen (Selbständigenstatus).

Ad (1): Im Verhältnis zu (2) und (3) ist der Status als Arbeitnehmer relativ günstig für die Beschäftigten. In der Bundesrepublik muss erst einiges privatrechtlich geregelt werden, was in der Schweiz selbstverständlich ist. Dazu einige Beispiele: Bei Arbeitszeiten, die geringer als die Hälfte der tariflichen sind, entfällt der Anspruch auf Urlaubsgeld in Deutschland. Wenn über die arbeitsvertraglich vereinbarte Zeit hinaus gearbeitet wird, besteht kein Anspruch auf Überstundenzuschläge, da Überstunden nach herrschender Meinung in der BRD erst dann vorliegen, wenn die tarifliche Regelarbeitszeit überschritten ist. In der Schweiz dagegen sind Teilzeit- und Vollzeitbeschäftigte in Bezug auf die Urlaubsregelung gleichgestellt. Lohnfortzahlungsanspruch im Krankheitsfall besteht in der Schweiz auch für niedrig qualifizierte Teilzeitarbeit (vgl. Rehbinder 1987).

Seit der Wirtschaftskrise zu Anfang der 1970er Jahre lässt sich beobachten, dass Beschäftigungsförderung im Sinne von mehr Flexibilisierung neu definiert wird. So sind heute befristete Arbeitsverträge im bundesdeutschen Beschäftigungsförderungs-Gesetz (BeschFG) bis 18 Monate möglich. Zuvor mussten befristete Stellen nach Ablauf von drei Monaten in unbefristete Arbeitsverhältnisse umgewandelt werden. Kettenarbeitsverträge waren nicht erlaubt. Mit dem neuen Gesetz kann etwa der Mutterschutz umgangen werden (vgl. zur mittelbaren Diskriminierung von Frauen, vgl. Bertelsmann 1985).

Ad (2): Niedrigere Löhne, geringere Urlaubsansprüche und kürzere Kündigungsfristen charakterisieren das bundesdeutsche Heimarbeitsgesetz (HAG). Das wird nicht durch geringere persönliche Abhängigkeit vom Arbeitgeber aufgewogen.

Ad (3) Telearbeit auf der Basis von Werkverträgen: Hierbei entfällt der gesamte Schutz des kollektiven Arbeitsrechtes. Als Formal Selbständige haben die unter Werkverträgen Arbeitenden keinen Anspruch auf Arbeitslosenunterstützung. Da die Arbeitgeberbeiträge zur Rentenversicherung entfallen, verschärft sich bei entsprechender Ausweitung der Telearbeit die Finanzierungsproblematik der Rentenversicherung (vgl. Kubicek/Rolf 1985, EBB).

Dezentralisierung des Ortes ist häufig mit einer "Dezentralisierung" des Rechtsstatus verknüpft. Zwischen dem schweizerischen und dem bundesdeutschen Recht gibt es bemerkenswerte Unterschiede. In der Schweiz gibt es vollen arbeitsrechtlichen Schutz bei Heimarbeit (vgl. Rehbinder 1987), wohingegen das in der BRD nicht der Fall ist. Rehbinder verweist außerdem auf den Rechtsstatus der arbeitnehmerähnlichen Person im schweizerischen Arbeitsrecht (Agenturvertragsrecht). Dieser nimmt eine Zwischenstellung zwischen Arbeitnehmer- und Selbständigenstatus ein. Voller sozialrechtlicher Schutz ist nach seiner Meinung jedoch nur durch den Arbeitnehmerstatus gewährleistet (vgl. Rehbinder 1987). Im Folgenden geht es um die Übertragbarkeit der Befunde auf die Schweiz.

2.3 Neue Herausforderungen

Die Folgen einer geänderten Wirtschaftspolitik, und damit der Trend zu flexibilisierten Arbeitsverhältnissen, sind weltweit spürbar. Wichtige Unterschiede und Gemeinsamkeiten charakterisieren die Sozialsysteme in der Bundesrepublik Deutschland und in der Schweiz. Welches System ist für die Arbeitswelt von morgen besser gerüstet?

Die Konstruktionsprinzipien der schweizerischen Sozialversicherung (AHV/IV/E0) beeinflussen die Leistungshöhe und die Bezugsfristen für Teilzeitbeschäftigte ebenso wie in Deutschland. Allerdings gibt es bemerkenswerte Unterschiede, so dass sich grundsätzlich sagen lässt:
"Praktisch in allen Systemen (der Schweiz, KUG) wirkt sich der geringere Verdienst oder die kürzere Arbeitszeit des Teilzeitbeschäftigten auf die Höhe allfälliger Geldleistungen aus. Doch wird dieser Effekte sehr oft durch die Leistungsstruktur (Mindestleistungen) oder durch besondere Bemessungsregeln gemildert." (Naef 1985, 4).

Bei der Höhe der AHV/IV-Renten hat Teilzeit beschränkte Auswirkungen. Übersicht 2 erläutert zusammenfassend:

Übersicht 2: Auswirkungen der Teilzeit auf die Sozialversicherung

Sozialversicherung	Bei Teilzeit		
	Ausschluss von Versicherung	Einschränkung des Leistungsanspruchs	Leistungshöhe
AHU/IV/EÜ	0	0	p/M
KV (Krankengeld)	0	0	1)
UV (Unfallvers.)	NBU<12 Std./Wo	0	p 2)
BV (Berufl. Versorgung)	Lohn<16560/J	0	p 2)
ALV (Arbeitslosenversicherung)	0	Lohn<500 Mon. - Mindestbeiträge - spez. Vermittlungsfähigkeit	p 2)
FZ Familienzulagen	0	. vorübergeh./ geringfügig Beschäftigte 3)	P 4)
MV Militärversicherung	0	0	p/M

Legende:
p: (lohn-)proportional   M: Mindestleistungen
NBU: Nichtberufsunfälle (Leistungen erst ab I2 Std./Woche)
0: keine Auswirkung 1) je nach Versicherungsverhältnis
2) bei Berechtigten lohnproportional   3) nicht einheitlich
4) bei Berechtigten arbeitszeitproportional (mit Ausnahmen)
(Lohnhöhen in Schweizer Franken)

(Quelle: Naef 1985, S.17)

Arbeitslosigkeit ist in der Schweiz wie in der Bundesrepublik ein eng umgrenzter Tatbestand: Anspruch auf Arbeitslosenunterstützung hat in der Eidgenossenschaft nur, wer

* innerhalb der letzten zwei Jahre während insgesamt sechs Monaten berufstätig war und einen monatlichen Mindestverdienst von 500 Franken hatte (Anwartschaft besonders wichtig bei Teilzeit),
* sich arbeitslos gemeldet hat,
* tatsächlich in der Lage und bereit ist, eine ihm zumutbare Arbeitsstelle anzutreten (Vermittlungsfähigkeit).

Anspruchsberechtigt beim Arbeitslosengeld ist nach dem bundesdeutschen Arbeitsförderungsgesetz (AFG) nur, wer eine Arbeitstätigkeit von mehr als 19 Stunden anstrebt. Diese Einschränkung fehlt im schweizerischen Arbeitsrecht.

Als ausgesteuert gelten in der Schweiz Arbeitslose, wenn sie die von der Arbeitslosenversicherung gewährten B5, 170 oder 250 Taggelder bezogen und damit keinen weiteren Anspruch mehr auf eine weitere Unterstützung (z.B. dreimonatige Arbeitslosen-, bzw. Sozialhilfe) haben. Das sind bei einer Arbeitslosenquote von unter 1 vH (26.000 bis 28.000) freilich nicht viel: vermutlich 5 bis 10 vH aller Arbeitslosen. Selbst wenn die Probleme nicht so krass sind, sticht doch der hohe Anteil der 'verschämten Armen' ins Auge: Es sind BS vH der Ausgesteuerten, die keine öffentliche Sozialhilfe in Anspruch nehmen. Zum Vergleich: In der Bundesrepublik schätzt man, dass die Hälfte der Anspruchberechtigten nicht zum Sozialamt geht (vgl. Hartmann 1981).

Die gewährten Mindestleistungen im schweizerischen Sozialversicherungswesen sichert dezentrale Arbeit sozial nicht ab. Die Problemgruppen ohne Ansprüche sind z.B. über 40jährige Männer und Hausfrauen, bei denen "Notgroschen" vorhanden sind, der Ehepartner verdient oder die zu den "verschämten" Armen zu zählen sind: solche, die den Weg zum Sozialamt mehr scheuen als denjenigen zu Kleinkreditinstituten (vgl. zu den Ausgesteuerten in der Schweiz, siehe Thommen 1986).

Abschließend hierzu sei bemerkt, dass länderspezifische Regelungen in der Schweiz nicht so weit gehen, dass die These des sozialen Gefährdungspotentials durch flexible Beschäftigungsverhältnisse zurückgenommen werden müsste. Dagegen gibt es eine Reihe von Begründungszusammenhängen, nach Alternativen zum gegenwärtigen System der sozialen Sicherung zu fragen: Ein Grund, der in der Bundesrepublik brisanter ist als in der Schweiz, betrifft den Gesamtkomplex neue Armut. Ein anderer, der wohl in beiden Ländern relevant sein dürfte, betrifft die Frage, ob die Einführung der Sozialversicherungspflicht unterhalb der beschriebenen

Schwellenwerte die einzig denkbare Strategie sein kann. Bezogen auf die Bundesrepublik würde dies bedeuten, dass geringfügige Beschäftigungen sich im Schnitt um 50 vH verteuerten. Unternehmen würden somit bestraft, wenn sie Teilzeitstellen auf diesem Niveau anbieten. Eine dritte Begründungsebene für eine Reform des Systems der sozialen Sicherung bezieht sich auf Teilhabe am materiellen Erbe (vgl. Reichenau 1982) - und nicht auf Almosen. Dies aus Gründen der Legitimation des Gemeinwesens (vgl. Dahrendorf 1982).

2.4 Sozialpolitische Alternative: Garantiertes Mindesteinkommen

In den vorangegangenen Kapiteln wurde festgestellt, dass sich viele Menschen flexiblere Arbeitsverhältnisse wünschen. Dagegen spricht einmal das geringe Stellenangebot und zweitens die beschriebenen Sicherungslücken im System der sozialen Sicherheit. Eine Basissicherung hätte somit zwei Aufgaben zu erfüllen: Sie hätte eine Einkommensgarantie auf unterem Niveau anzubieten, also das gegenwärtige Sozialsystem zu ergänzen (Sicherungsfunktion). Sie sollte ferner dazu beitragen, Angebot und Nachfrage im Bereich dezentraler Arbeitsverhältnisse anzunähern (Motivationsfunktion). Beides brächte größere Wahl- und Gestaltungsspielräume.

Damit ein garantiertes Mindesteinkommen diese Aufgaben erfüllen kann, sind einige Funktionsprinzipien einzuhalten. So sind die Willkürmomente individualisierter Bedürftigkeitsprüfung, sowie die offene und verdeckte Arbeitspflicht und andere Sanktionen zu revidieren. Die Modalitäten der Einkommensanrechnung sollen eine (freiwillige) Anbindung an Erwerbsarbeit erleichtern. Im folgenden handelt es sich nicht um eine historische oder vollständige Darstellung der Thematik, sondern um eine knappe Skizze der Parameter des garantierten Mindesteinkommens. Näheres wurde an anderen Stellen ausgeführt (vgl. Gerhardt/Weber 1983, 1984).

Die Höhe des garantierten Mindesteinkommens (G)

Das klassische Ziel der Sozialpolitik ist, Armut zu lindern. Wie umfassend dies geschieht, hängt ab vom Grad der Umverteilung. In den meisten Industrieländern besteht ein Konsens darüber, dass ein menschenwürdiges Leben gerade aufgrund des historisch angehäuften materiellen Wohlstandes möglich ist bzw. ermöglicht werden sollte. Das soziokulturelle Existenzminimum, auf das sich etwa das bundesdeutsche Sozialhilfe-Gesetz CBSHG) bezieht, liegt daher höher als das zum physischen Überleben notwendige Minimum. Vielmehr soll es zur Teilnahme am gesellschaftlichen Leben befähigen. Dieser Anspruch wird in den letzten Jahren allerdings kaum erfüllt.

Die Bewertung des Armutsstandards erfolgt im BSHG mittels der Warenkorbmethode (monatlicher Regelsatz derzeit GE 390). Der Sozialhilferegelsatz differiert nach Familiengröße und der Familienzusammensetzung. Ergänzend dazu werden einmalige Leistungen, Mietkosten und Mehrbedarfszuschläge gewährt. Die Zahlungen liegen etwa zwischen GE 700 und GE 800. Alternativ dazu ließe sich das Mindesteinkommen als fester Anteil des durchschnittlichen Nettoeinkommens der Gesellschaft definieren, z.B. 605; davon. Das hätte den Vorteil, dass die Höhe des Basisbetrages an die Entwicklung der Lohneinkommen angekoppelt wäre. Mit differenzierten Regelungen zum Wohngeld ließen sich regionale Unterschiede ausgleichen oder steuern. Dies, ebenso wie Fragen der Dynamisierung und der Sozialstandards sind politischer Natur.

Bezieherkreis

Die Zielperspektive ist, dass jeder volljährige Bürger mit Niederlassungsrecht den vollen Mindesteinkommensbetrag erhält. Das individuelle Einkommen, und nicht das Gesamteinkommen eines Haushalts, soll über den Anspruch auf Mindesteinkommen entscheiden. Dadurch erhalten auch Jugendliche und Frauen, die Hausarbeit leisten und/oder unregelmäßiger oder flexibler Erwerbsarbeit nachgehen, - unabhängig vom Familienstand - ein eigenes Einkommen. Gerade das Problem alternativer Arbeitsformen legt nahe, dass man ein garantiertes Mindesteinkommen auch für Ehefrauen einrichtet.
Da diese Zielperspektive nur schrittweise verwirklicht werden kann, und weil das neue mit dem alten System kompatibel gemacht werden muss, sind Übergangslösungen unausweichlich. Denn durch ein garantiertes Mindesteinkommen sollen andere Transfers ergänzt werden. Beitragsfinanzierte monetäre Transfers (Rente, Arbeitslosengeld) bleiben bestehen bzw. werden aufgestockt. Personen im Rentenalter sollen mindestens Anspruch auf den vollen Mindesteinkommensbetrag haben. Faktisch wäre damit der Bedanke der Grundrente verwirklicht. Zusätzlich zur Grundsicherung Für Erwachsene soll ein Bedarf deckendes Kindergeld gezahlt werden.

Art und Höhe des marginalen Steuersatzes (t)

Eine Verpflichtung zur Erwerbstätigkeit ist mit dem Mindesteinkommen nicht verbunden. Auch Personen, die nur geringe eigene Einkünfte haben, können zusätzlich noch Mindesteinkommen erhalten. Das Mindesteinkommen wird als pauschaler monatlicher Vorschuss gezahlt bzw. mit Einkommen nach dem Quellenabzugsverfahren verrechnet. Die vorgeschlagenen Höhen des Steuertarifs Für den negativen Bereich liegen jeweils deutlich unter 100 vH mit dem Ziel, dass derjenige, der sich am Erwerbsleben beteiligt, materiell besser gestellt sein soll, als der, der sich mit dem garantierten Mindesteinkommen begnügt.

Diesem Verfahren liegt die Idee des Leistungsanreizes zugrunde. Es geht dabei um den Grad, wie eigenes Einkommen das staatlich gewährte Mindesteinkommen abbaut. Die Pläne haben proportionale, progressive und regressive Tarifstrukturen. Bei steigendem Einkommen ergibt sich beim progressiven Verlauf eine Tarifsteigerung, d.h. Umverteilungsvorteile Für die unterste Einkommensstufe, und beim regressiven Verlauf infolge der Minderung des Abbausatzes eine hohe Anreizwirkung Für Jene, die dazuverdienen.

Je geringer der Abbausatz ist, desto höher ist der Anreiz zu arbeiten. Der Anreiz zur Schwarzarbeit dürfte in diesem Fall gering sein. Die "disincentives" nehmen mit Höhe des Abbausatzes zu. Dagegen wurde eingewandt, eine Arbeitsaufnahme erhöhte das Einkommen sprungartig, so dass auch höhere Tarife möglich sind (vgl. Kausemann 1SB3, 354). Das gilt jedoch kaum Für geringfügige Beschäftigungen.

Die Höhe des kritischen Einkommens

Der Transfernullpunkt ergibt sich aus Transferhöhe und Steuersatz. Er ist das $1/t$-Fache des Basiseinkommens. Beträgt der marginale Steuersatz im Transferbereich 50 vH und das Basiseinkommen bei GE 1.000, so liegt das kritische Einkommen bei GE 2.000. Je niedriger der Steuersatz liegt, desto höher ist der Umverteilungseffekt, bzw. sind die Kosten.

Probleme gibt es im Überlappungsbereich zwischen Einkommensteuer einerseits und Sozialtransfers andererseits: Da der Umverteilungsnullpunkt höher sein kann als die Armutslinie (etwa wegen Wohngeld und Sparförderung etc.), dürften hierdurch die größten Probleme einer Integration von Steuer- und Transfersystem begründet sein. Die Steuerschwelle setzt zwar oberhalb des Grundfreibetrages an, wird aber verwässert, indem einerseits Steuern eingezogen, andererseits aber Sozialtransfers zugebilligt werden.
Die Bleichheit von kritischem Einkommen, Transfergrenze und Steuerschwelle lässt sich etwa durch die Bewährung von Steuerermäßigungen erreichen (vgl. Tobin et al. 1967; Mitschke 1985).

Verlauf und Höhe des Steuertarifs im (positiven) Steuerbereich

Im deutschen Einkommensteuersystem kennt man den progressiven Verlauf marginaler und durchschnittlicher Steuersätze, der sich der Zone der Grundfreibeträge bzw. der Proportionalzone anschließt. Das Gros der Einkommensteuerzahler liegt an der Grenze zwischen Proportional- und Progressionszone.

Dem Prinzip der Leistungsfähigkeit bei der Besteuerung entspräche es reziprok am meisten, im Sozialtransferbereich einen regressiven Verlauf zu befürworten, d.h. einem niedrigen Satz an der Transferschwelle. Dagegen gibt es Einwände: Kompliziertheit des Verfahrens im 6egensatz zum proportionalen Verlauf, geringere Anreizeffekte für den untersten Bereich der Einkommensbezieher.

2.5 Fazit

Atypische Beschäftigungen haben für die soziale Sicherung erhebliche Folgen. Da die Leistungen in den ersten beiden Stufen lohnproportional sind, tragen Teilzeitbeschäftigte sowohl unter, als auch über den (jeweiligen) Versicherungsgrenzen große Einkommensrisiken. Insgesamt ist das System der sozialen Sicherung in zweierlei Hinsicht unzeitgemäß: Es ist weder für eine Situation dauerhafter Erwerbslosigkeit konzipiert noch für Arbeitsformen geeignet, die vom Normalarbeitsverhältnis abweichen. Die Zahl derer wächst, die keinerlei sozialrechtliche Ansprüche haben (vgl. Gerhardt 1986).

Ob die (Sozial-)Versicherungsfreiheit das Angebot an Teilzeitarbeitsplätzen erhöht, ist unklar. Feststeht, dass damit das Entstehen ungeschützter Beschäftigungen ohne sozialrechtliche Absicherung die Segmentierung des Arbeitsmarktes, begünstigt wird.

Fasst man die Sozialeinkommensrisiken atypischer Arbeitsverhältnisse zusammen, so liegt die Übertragbarkeit auf die Telearbeit zu sehen. Die Differenzierung der Telearbeit mit ihren diversen Ausgestaltungsvarianten im Rechtsstatus beinhaltet zusätzliche soziale Risiken. Weiter oben kamen wir bereits zu dem Schluss, dass die Schaffung eines einheitlichen Arbeitnehmerstatus allein jedoch auch keine Garantie für faire Arrangements zwischen den Verhandlungspartnern darstellt.

Die sozialrechtliche Besserstellung von Teilzeitbeschäftigten in der Schweiz sollte kein Anlass dafür sein, soziale Innovationen auszuschließen. Ein garantiertes Mindesteinkommen ist m.E. eine sinnvolle Ergänzung des Systems der sozialen Sicherheit angesichts des Wandels in der Arbeitswelt. Eine Reform will aber wohlbedacht sein. Dazu die Eckpunkte im nachfolgenden Kapitel.

3. Eckpunkte eines garantierten Mindesteinkommens

3.1 Mögliche Wirkungen auf das Arbeitsangebot

Sollten die Übergänge zwischen Erwerbstätigkeit und Transferbezug fließender gestaltet werden, so sind zunächst arbeitszeitpolitische Effekte zu beachten. Genauso wie bei allen Vorschlägen zur Arbeits- und Tarifpolitik mindert das garantierte Mindesteinkommen potentiell das Arbeitsangebot der Rezipienten (vgl. Almsick 1981). Arbeitsangebotswirkungen liegen nach US-amerikanischen Erfahrungen bei etwa fünf Prozent (gemessen an der Reduktion der jährlichen Arbeitsstunden; vgl. Gerhardt/Weber 1983, 1984). Die Arbeitsangebotswirkung sozialpolitischer Maßnahmen ist unter der Bedingung von Massenarbeitslosigkeit sicherlich anders zu bewerten als bei Vollbeschäftigung. Zudem belegen Erfahrungen in allen CECD-Ländern, dass hohe Arbeitslosenzahlen keinen entscheidenden Druck auf die Löhne ausüben.

Im Gegensatz zur Forderung nach genereller Arbeitszeitverkürzung, würde ein garantiertes Mindesteinkommen vornehmlich im Segment der Niedrigverdiener wirken. Lohndifferenzierung wird von führenden Ökonomen nach Jahren der Sockelungspolitik im unteren Lohnsegment stärker denn je verfolgt (vgl. Frühjahresgutachten 1985). Mit einem garantierten Mindesteinkommen würde ein Set von wirtschafts- und sozialpolitischen Ziele geschaffen. Dazu gehören die Einkommenssicherung bei geringerer Stundenzahl und niedriger Lohnhöhe und die Nachfrage nach zusätzlichen atypischen Beschäftigungsverhältnissen. Zudem stabilisieren Transferzahlungen immer die Konsumnachfrage.

3.2 Verhandlungspositionen

Ein garantiertes Mindesteinkommen lässt sich als Instrument sehen, den Arbeitsmarkt funktionstüchtig zu machen, weil dann beide Kontrahenten, Kapital und Arbeit, ausgeglichene Verhandlungspositionen hätten. In diesem Kontext kann an die neoklassische Wirtschaftstheorie erinnert werden, bei der zur Wahrung der Präferenzwahl eine sog. "Erstausstattung" vorausgesetzt wird. Die Kräfte am Arbeitsmarkt sind aber insbesondere bei hohen Einkommensrisiken ungleich verteilt. Einseitige Flexibilisierung wäre bei einem garantierten Mindesteinkommen weniger leicht gegen die Interessen der Betroffenen durchsetzbar: Die Risiken der Flexibilisierungsfalle werden somit blockiert. Zweitens könnten sich solche Formen der Arbeitszeitflexibilisierung entwickeln, die Für alle akzeptabel sind. Drittens wären die Folgerisiken Flexibler Arbeitszeiten Für die Lohnersatzleistungen gemindert (siehe Kapitel 2).

Die hohen Kosten der (legalen) Sonderarbeitsformen zu umgehen, liegt im unternehmerischen Interesse. Für Telearbeit gilt daher analog zur Teilzeitarbeit folgendes:

"Qualität und Quantität der Teilzeit-Beschäftigungsverhältnisse stehen in einem reziproken Verhältnis. Will man nur 'gute Teilzeitarbeitsplätze', so wird man Für die Durchsetzung verbindlicher Standards auf einen großen Teil der vorhandenen Teilzeitarbeitsplätze verzichten müssen, will man vor allem 'mehr' Arbeitsplätze, so wären die Deregulationsvorschläge zu befolgen, um die betriebliche Nachfrage nach unqualifizierter Teilzeit anzuregen". (Wiesenthal 1985, 13)

Gegenüber der Sozialversicherungspflicht würden die Arbeitskosten bei einer staatlich Finanzierten Mindestsicherung weniger stark steigen. Die Finanzierung läge auf den Schultern der Gesellschaft; - das Mindesteinkommen ist nicht beitragsfinanziert. Daher kannten sich die Unternehmen entschließen, mehr Stellen anzubieten. Ein Mindesteinkommen brächte den Beschäftigten eine bessere soziale Sicherung und größere Wahlfreiheit; - die Bereitschaft teilzeitig zu arbeiten nähme zu. Auf der Seite des Staates würden die Mehrkosten dadurch kompensiert, dass ansonsten, durch dauerhafte Erwerbslosigkeit und deren Folgen - erforderliche Sozialtransfers zumindest partiell eingespart werden; der Versorgungsbedarf würde sinken.

3.3 Arbeitsorganisatorische Gestaltungsspielräume

Neue individuelle und arbeitsorganisatorische Gestaltungsspielräume ergeben sich vor allem wegen der besseren sozialrechtlichen Absicherung der Teilzeitarbeit. Zusätzlich bedarf es freilich arbeitsrechtlicher Klärungen.

Daher wäre es möglich, Arbeitszeitflexibilisierung im Sinne fairer politischer Arrangements besser zu regulieren. Wie erreicht man ein garantiertes Mindesteinkommen? Der Handlungswille resultiert aus nachstehend umrissenen Interessenskonstellationen.

Die Bandbreite der mit einem garantierten Mindesteinkommen verfolgten Intentionen ist groß. Auf der einen Seite steht der Geist sozialer Verantwortung, wie die von der katholischen Soziallehre formuliert wird: "... wie kann das Erreichte angesichts der zu erwartenden Entwicklungen gesichert werden, wie kann es auf Jene Gruppen ausgedehnt werden, die trotz des sozialen Netzes unterhalb dieses Standards leben müssen, wie kann eine sinnvolle Weiterentwicklung eingeleitet werden? Ein möglicher Weg dahin scheint uns die Einführung eines allgemeinen Grundeinkommens." (Büchele/Wohlgenannt 1985, 147)

Auf der anderen Seite stehen die ökonomische Entwicklung und der Kampf gegen die Ausdehnung der Schwarzarbeit durch ein erwerbsunabhängiges Grundeinkommen. Hier lautet das strategische Ziel, Schaffung eines wirklich freien Arbeitsmarktes ohne drückende Soziallasten (vgl. Fritsch 1986).

Gegensätzliche Interessen am garantierten Mindesteinkommen sind nicht unüberwindlich. So wird Arbeit flexibel, aber ein Mindesteinkommen bietet zusätzliche Risikoabsicherung im Fall von Nicht-Beschäftigung. Über den Grad der sozialen Absicherung lässt sich politisch streiten. Auf der Folie der gesellschaftlichen Vernunft stellt sich alles jedoch einfacher dar:

"Wenn sich nun der Normalarbeitstag als gesellschaftlicher Normalfall gegen die Differenzierung der Arbeitszeitwünsche und den Flexibilitätsbedarf der Unternehmer nicht halten lässt, die Existenzgarantie jedoch nicht preisgegeben werden soll, dann bleibt nur die Möglichkeit, die Existenzgarantie vom Normalarbeitstag zu lösen, sie anders zu sichern (vgl. Vobruba 1985, 34). Das sind sicherlich zukunftsweisende Vorstellungen.

4. Fazit

Festzuhalten bleibt, dass die Ausbreitung neuer Techniken in starkem Maße abhängig ist von technischen Gegebenheiten und manageriellen Interessen. Gleichwohl sind alternative Wünsche nach Arbeitszeit und/oder Arbeitsorten spürbar und sollten unterstützt werden. Die soziale Absicherung der Telearbeit ist mithin im allgemeinen Interesse.

Ferner ist festgestellt, dass die bestehenden Teilelemente des Systems der sozialen Sicherheit nicht für alternative Arbeitsformen, wie der dezentralen Telearbeit, konzipiert sind, und notwendig unzureichend sein müssen. Der Reiz der Telearbeit liegt - gerade für Frauen - in der individuell besser bestimmbaren Lage und Dauer der Arbeitszeit. Sie liegt meistens unterhalb der normalen Arbeitszeit. Aber gerade im Grenzbereich der Sozialversicherungspflicht entstehen soziale Sicherungslücken. Außer den sozialen Risiken, die in einer vom Normalarbeitsverhältnis abweichenden Erwerbsbiographie zu konstatieren sind, kommen vielfach jene Rechtsunsicherheiten hinzu, die aus der Unterschiedlichkeit des Rechtsstatus herrühren.

Im zweiten Abschnitt wurde der Schluss gezogen: Die Anpassung der Rechtsvorschriften des Systems der sozialen Sicherheit an die Erfordernisse der Teilzeitarbeit im Allgemeinen und der Telearbeit im Speziellen ist schwierig, weil Quasi-Versicherungsberechtigungen unterhalb der Schwellenwerte konstruiert werden müssten. Die Schaffung der Sozialversicherungspflicht für geringfügige und kurzzeitige Beschäftigungen würde - wegen der Kostenzunahme - negativ auf das Arbeitsangebot wirken und stellt daher keine günstige Alternative dar.

Daher wurde der Vorschlag eines garantierten Mindesteinkommens als Alternative zur Schaffung der Sozialversicherungspflicht aufgegriffen und dargestellt.

Im dritten Abschnitt wurden schließlich mögliche Effekte und Fragen der politischen Akzeptanz des Vorschlags behandelt. Ein garantiertes Mindesteinkommen könnte Übergänge zwischen Erwerbsleben und anderen nicht monetär bewerteten Aktivitäten sowie Freizeit Flexibler gestalten. Flexibilität kann hierbei nicht einseitig zu Lasten der betroffenen Teilzeitbeschäftigten verstanden werden. Im Gegenteil konnte gezeigt werden, dass ein Mindesteinkommen der Segmentierung der Gesellschaft entgegenwirken würde.

Welche Wirkungen hätte ein garantiertes Mindesteinkommen für einzelne Bevölkerungsgruppen? Zunächst ist Abfederung der sozialen Folgen des technischen Wandels das Ziel einer Mindesteinkommensforderung. Der gesellschaftliche Wandel löst diverse Ängste aus: Etliche fürchten aus ihrer bisherigen Zwischenexistenz: Lohnarbeit und Selbständigkeit (etwa im Fall von Nebenerwerbslandwirtschaften), herausgelöst zu werden und dann (ausschließlich) fremdbestimmte Arbeit leisten zu müssen. Für diese würde Mindesteinkommen größere Wahlfreiheit bei sozialer Grundsicherung bedeuten, die sie bisher nicht hatten. Teilhabe am gesellschaftlichen Leben sollte ohne diskriminierende Eingangsvoraussetzungen des bestehenden Systems der sozialen Sicherung oder eines Erwerbs- oder Vermögenseinkommens ermöglicht werden. Manche fürchten diskontinuierliche Alterseinkommen aufgrund von diskontinuierlicher Erwerbstätigkeit. Mindesteinkommen bietet Einkommenssicherheit, Bedarfsgerechtigkeit und Einkommensstetigkeit auf unterem Einkommensniveau.

Gewerkschaftliche Einwände gegen flexibilisierte Arbeitsformen lassen sich gerade durch verbesserte soziale Sicherung "prekär" Beschäftigter entkräften. Damit sind indes nicht alle Rechtsverluste gebannt. Letztlich würde ein garantiertes Mindesteinkommen die Spielräume bei arbeitrechtlichen Kontroversen zugunsten der Arbeitnehmerseite erweitern.

Die Befürchtung, ein garantiertes Mindesteinkommen festige die Arbeitslosigkeit ist nicht stichhaltig, denn es werden Übergänge zwischen Erwerbstätigkeit und Nicht-Beschäftigung erleichtert. Dies lässt sich mit weniger Bürokratie verwirklichen und wäre für die Gesellschaft weniger teuer.

Telearbeit lässt sich mit einem garantierten Mindesteinkommen sozialverträglich umsetzen. Dazu sind die bestehenden Instrumente entsprechend zu ändern.

5. Literaturverzeichnis:

Almsick, J.v. (1981): Die negative Einkommensteuer. Finanztheoretische Struktur, Arbeitsangebotswirkungen und sozialpolitische Konzeption, Berlin

(ANBA 1986), Amtliche Nachrichten der Bundesanstalt Für Arbeit, Arbeitsmarktanalyse 1985 anhand ausgewählter Bestands- und Bewegungsdaten, Heft 3/19B6, S. 182-231

Ballerstedt, E. u.a. (1982): Studie über Auswahl, Eignung und Auswirkungen von informationstechnisch ausgestalteten Heimarbeitsplatzen CBMFT-Forschungsbericht DV 82-002), Frankfurt/Tübingen

Beck, T. (1985): Elektronische Fernarbeit und Arbeitsrecht Rechtspolitische Überlegungen zu Entwicklung, Regelungsbedarf und Regelungsmöglichkeiten -, in: WSI-Mitteilungen, Heft S/1985, S. 550-556

Bertelsmann, K. (1985): Arbeits- und sozialrechtliche Nachteile bei Teilzeitarbeit, in: Recht der Arbeit, Heft 3/B5, S. 14B-15B

Bieri, L.; Dürrenberger, G.; Jaeger, G. (1985): Elektronische Heimarbeit und berufliches Kontaktsystem. Forschungsbericht, Berichte und Skripten Nr. IS, Geographisches Institut der ETH-Zürich, Zürich

Bosch, G. (19B6): Hat das Normalarbeitsverhältnis eine Zukunft? in: WSI-Mitteilungen, Heft 3/19B6, S. 1B3-17B

Büchele, H.; Wohlgenannt, L. (1985): Grundeinkommen ohne Arbeit. Auf dem Weg zu einer kommunikativen Gesellschaft, hrsg. von der Katholischen Sozialakademie Oesterreichs, Wien-München-Zürich

Dahrendorf, R. (1986): Für Jeden Bürger ein garantiertes Einkommen. Ein Leben auch ohne Lohnarbeit - wie ein neuer Sozialkontrakt aussehen müsste, in: Die Zeit, Nr. 4, 17. Januar 1986, S. 32

Dostal, W. (1985): Telearbeit. Anmerkungen zur Arbeitsmarktrelevanz dezentraler Informationstätigkeit, in: Mitteilungen aus der Arbeitsmarkt- und Berufsforschung, IB. Jg, Heft 4/1985, S. 467-480

Dürrenberger, G.; Jaeger, C. (1986): Zum Dezentralisierungspotential von Telearbeit, Geographisches Institut ETH-Zürich (Vorabdruck), erscheint in: Hotz-Hart, B. (Hrsg.), Neue Informationstechnologien und Regionalentwicklung

Fritsch, B. (1986): Arbeitsloser - ehrbarer Beruf mit rosiger Zukunft. Ein konservativer Oekonom plädiert für ein erwerbsunabhängiges Grundeinkommen für jedermann, in: Weltwoche vom 06.03.1986

(Frühjahresgutachten (1986): Frühjahresgutachten der fünf führenden Wirtschaftsforschungsinstitute, Bonn

Gerhardt, K.-U. (1986): Neue Armut. Ursachen und sozialpolitische Alternativen des Problems der Ausgrenzung von Arbeitslosen - ein Dossier -, Offenbach/M.

Gerhardt, K.-U.; Weber, A. (1983): Garantiertes Mindesteinkommen, in: "Alemantschen", Band 3, Maintal 1983, Seite 69-99

Gerhardt, K.-U.; Weber, A. (1984): Garantiertes Mindesteinkommen. Für einen libertären Umgang mit der Krise, in: T. Schmid (Hrsg.), Befreiung von falscher Arbeit. Thesen zum garantierten Mindesteinkommen, Berlin 1984, S. 18-67

Hanesch, W.; Klein, Th. (1986): Eine integrierte bedarfsorientierte Grundsicherung in AFG und BSHG. Wissenschaftliches Gutachten für die Partei "Die GRÜNEN" ("ökologisches und soziales Umbauprogramm"), Frankfurt/M.

Hartmann, H. (1981): Sozialhilfebedürftigkeit und "Dunkelziffer der Armut". Bericht über das Forschungsprojekt zur Lage potentiell Sozialhilfeberechtigter, Schriftenreihe des Bundesministers für Jugend, Familie und Gesundheit, Bd. 98, Stuttgart-Berlin-Köln-Mainz

Held, L.; Karg, P.W. (1983): Variable Arbeitszeit - Anspruch und Wirklichkeit, in: WSI-Mitteilungen, Heft 3/1983, 3. 469-480

Hentschel, U. (1983): Geschichte der deutschen Sozialpolitik 1880-1980. Soziale Sicherung und kollektives Arbeitsrecht. Neue Historische Bibliothek, Frankfurt/M.

Jaeger, C., Bieri, L.; Dürrenberger, G. (1987): Telearbeit - von der Fiktion zur Innovation. Arbeitswelt, Bd. 4. Zürich: Verlag der Fachvereine vdf

Kausemann, E.-P. (1983): Möglichkeiten einer Integration von Steuer- und Transfersystem. Reihe Wirtschaftswissenschaften, Bd. E90, Thun, Frankfurt/M.

Kubicek, H.; Rolf, A. (1985): Mikropolis. Mit Computernetzen in die "Informationsgesellschaft". Pläne der Deutschen Bundespost. Wirtschaftliche Hintergründe. Soziale Beherrschbarkeit. Technische Details, Hamburg

Landenberger, M. (1985): Aktuelle sozialversicherungsrechtliche Fragen zur flexiblen Arbeitszeit und Teilzeitbeschäftigung, in: Zeitschrift für Sozialreform, 31. Jg., Heft B/1985, S. 321-335, und 7/1985, S. 333-415

Lampert, H. (1980): Sozialpolitik, Berlin-Heidelberg-New York

(Leitfaden 1986), Leitfaden für Arbeitslose, Arbeitslosenprojekt TuWas 1986, Materialien zur Sozialarbeit und Sozialpolitik, Bd. 3, 5., vollständig überarbeitete Auflage, hrsg. von der Fachhochschule Frankfurt am Main, Fachbereich Sozialarbeit - Fachbereich Sozialpädagogik, Frankfurt/M.

Mitschke, J. (1985): Steuer- und Transferordnung aus einem Guß. Entwurf einer Neugestaltung der direkten Steuern und Sozialtrans-

fers in der Bundesrepublik Deutschland. Schriften zur Ordnungs-
politik, Baden Baden

Mückenberger, U. (1985): Die Krise des Normalarbeitsverhältnisses
Hat das Arbeitsrecht noch eine Zukunft? In: Zeitschrift für Sozialreform 31, Heft 7/1985, S. 415-434, und B/1985, S. 457-475

Naef, H. (1985): Teilzeitarbeit und individuelle Arbeitszeitgestaltung. Wirtschaftliche und rechtliche Probleme. Seminar der HSG-
Weiterbildungsstufe der Hochschule St. Gallen Für Wirtschafts- und
Sozialwissenschaften über Auswirkungen der Teilzeitarbeit und indi-
viduellen Arbeitsgestaltung auf die Sozialversicherung v.
19.9.1985, Manuskript

Rehbinder, M. (1987): „Rechtsprobleme der Telearbeit". In: Rehbinder, M. (Hrsg): Flexibilisierung der Arbeitszeit, Schriften zum
Schweizerischen Arbeitsrecht, 103-116. Bern: Stämpfli

Reichenau, Ch. (1986): Arbeit Für Männer und Frauen, in: Tagesan-
zeiger vom 07.03.1986, S. 44-45

Schäfer, C. (1986): Auch bei Wachstum bleibt die Bekämpfung der Ar-
beitslosigkeit bis zum Jahre E000 eine politische Aufgabe -
Szenarien zur Entwicklung des Arbeitsmarkts bis 2000 -, in: WSI-
Mitteilungen, Heft 3/1986, S. 145-163

Thommen, A. (1986): Ausgesteuertenproblem nicht gravierend, in:
Schweizerische Arbeitgeber-Zeitung vom OS. 01.1986

Tobin, J.; Pechman, J.A.; Mieszkowski, P.M. (1967): Is a Negative
Income Tax Practical? in: The Yale Law Journal, vol. 77, Nr. 1, S.
1-27

Wiesenthal, H.; Offe, C.; Hinrichs, K.; Engfer, U. (1984): Arbeitszeitflexibilisierung und gewerkschaftliche Interessenvertretung.
Regelungsprobleme und Risiken individualisierter Arbeitszeiten, in:
Offe, C., "Arbeitsgesellschaft". Strukturprobleme und Zukunftsper-
spektiven, Frankfurt/M., S. 205-226

Wiesenthal, H. (1986): Das Syndrom Arbeitszeitflexibilität. Motive,
Tendenzen und Interessen im neuen Regelungsbereich der Arbeitszeit-
politik, Manuskript

Vobruba, G. (1985): Wege aus der Flexibilisierungsfalle. Plädoyer
für die Verbindung von Arbeitszeitverkürzung, Flexibilisierung und
garantiertem Grundeinkommen, in: Schmid, Th. (Hrsg.), Das Ende der
starren Zeit. Vorschläge zur Flexiblen Arbeitszeit, Berlin, S. 25-
39